가벼운 방

오름시인선 · 72

허상욱 시선집

가벼운 방

시인의 말

남은 미련이 아쉬워 전나무 잎 떨어지는 소리가 쌓인다
봄이 돋아나는 오솔길에 새싹들 소리가 흥겹다

다만 그들은 그들의 소리로 울고
나는 나의 소리로 울어야 한다

때론 너도밤나무 잎을 밟고 지나는
빗방울의 발자국 소리를 듣는다

그 소리를 읽으려고
잎 푸른 나무 아래 나는 잠시 앉은 것이다

— 나그네 (부문)

■ 차례

005 _ 시인의 말

1부 미장원 미스리의 아침

015 _ 꽃게
016 _ 마흔 살
017 _ 가래떡
018 _ X선
019 _ 말벌집
020 _ 풍치
021 _ 지문
022 _ 고구마
023 _ 목탁소리
024 _ 수련의 이유
025 _ 고추밭
026 _ 소문난 사냥꾼
028 _ 미장원 미스리의 아침
030 _ 옹이
031 _ 오돌뼈
032 _ 오렌지
033 _ 안 보이는 안경
034 _ 폐업

2부　모란의 가을

037 _ 6월

038 _ 나그네

040 _ 부레옥잠

042 _ 개밥그릇

044 _ 도굴꾼

046 _ 마라도

047 _ 메타세쿼이아

048 _ 테니스

050 _ 닭발

051 _ 면

052 _ 개소리

054 _ 모란의 가을

056 _ 줄줄이 비엔나

057 _ 가물치

058 _ 딱따구리

059 _ 말똥구리

060 _ 토란잎

061 _ 홍시

3부 맛없는 핫도그

065 _ 고사리
066 _ 스킨다비스
068 _ 호박꽃
069 _ 질경이
070 _ 막걸리
071 _ 수탉
072 _ 여드름
073 _ 붉은 흔적
074 _ 맛없는 핫도그
076 _ 용접
078 _ 복사기
080 _ 일당 빼먹기
082 _ 치킨 성자
084 _ 빨랫줄
085 _ 채송화
086 _ 하회탈
087 _ 오뚝이
088 _ 흔들리는 시간

4부 청개구리의 사랑

091 _ 보도블록
092 _ 블루스 타임
094 _ 목련을 기다리면서
095 _ 시소게임
096 _ 참꽃 연가
098 _ 토렴
100 _ 사과를 찾아서
102 _ 청개구리의 사랑
103 _ 비빔밥
104 _ 총각김치
105 _ 낮달
106 _ 노을
107 _ 복숭아
108 _ 요구르트
109 _ 일감호 풍경
110 _ 잣나무
111 _ 사랑법
112 _ 맹꽁이

5부 달팽이의 집

115 _ 꼴
116 _ 연향
119 _ 달팽이의 집
120 _ 민달팽이
121 _ 겨울밤
122 _ 꾸구리 얼룩
123 _ A
124 _ 밤나무
126 _ 민들레
127 _ 겨울 숲
128 _ 배꼽
129 _ 오이냉국
130 _ 나의 진로
132 _ 실업자의 못
133 _ 칡꽃
134 _ 시래기
135 _ 소라게
136 _ 그 자리

6부 가벼운 방

141 _ 스냅
142 _ 날지 않는 백조
144 _ 닭의 도리
146 _ 논 이야기
147 _ 뜨거운 혀
150 _ 가마우지
152 _ 가벼운 방
154 _ 열쇠 수리공 불러놓고
156 _ 치석
157 _ 흰구름
158 _ 장미 1
160 _ 장미 2
162 _ 숲속 장례식
164 _ 문어
165 _ 사계
166 _ 볼링볼링
168 _ 수족관
172 _ 구절초

179 _ 에필로그

1부
미장원 미스리의 아침

꽃게

삶은 게의 속을 맛보는 시간입니다
꽃의 순간을 보려고
다리의 개수를 셉니다

껍질을 덮고 눈의 방향을 찾으려
지금은 바다에서 건너온
꽃게의 화술을 읽습니다

날카로운 집게를 보고
피는 바다의 냄새를 기억합니다
게의 등은 꽃이면서 단단한 용기,

팔다리로 다 만들 수 없어
온몸으로 꽃 만드는 걸
식탁에 앉아 배웁니다

마흔 살

산밤 따러 갔는데
입을 한껏 벌리고 있는
누구의 마흔 살을 보았다

함빡 놀란 척해주는
아무런 조건 없이 다 내어주는
그러면서도 제자리 지키는,

가끔 바람에 흔들리고 있었으므로
고독해도 외로워 보이지 않는 게
거기 매달려 있었다

가래떡

앞뒤 구별 못 하는 오지랖과

마냥 굳어지는 심지와

납작납작 썰리는 혀와

끝끝내 변하지 않는 굵기와

심심해서 흥분하지 않는 입맛으로

한 살 더 먹겠다

X선

내 안의 선을 찾기 위해선
여기 서서 무슨 동작을 해야 하나요
나랑 가장 알맞은 색을 구분하기 위해
나는 손가락을 꼼지락거리고 싶은데

선보다 색깔이 더 고귀한 걸 알아요
가벼운 뼈를 남기지 않으려고
이렇게 한껏 숨을 참아요

그 앞에서 흰 선 검은 선 구분하고 있으면
어깨는 구부정해지고
등판은 더 넓어져요
이런 자세로 피 돌지 않는 색을 찾아요

혹시 덜컥! 여기에 갇혀 버리는 건 아닐까요
아, 어쩜 좋아요
내 방종의 옆구리에 검은 여백이 생겨요

말벌집

마냥 벌받는 거다
팔이며 다리를 숨기고
말 한마디도 참으면서

딱 자기만 한 틈에
살아있다는 듯
가끔 꿈틀거리면서

묵묵히 벌받는 거다
구멍 하나에
애벌 하나둘 들어가 있는 것처럼

풍치

바람 속으로
피는 꽃이다

앙다물수록
방울방울 시린 바람 스며 나온다

이는 아프지 않고
잇몸만 아픈데

입을 하늘로 벌리고 있으면
들뜬 통증 하나가 허공에 머물러 있다

내 입속에서도
무언가 부화하고 있는가 보다

지문

연필 칼로 도장을 새기다가
그만 손가락을 베이고 말았다
지문을 잘라낸 지문,

아픈 손끝
나만 아는 무늬로
눈을 또 하나 떴다

방울방울 맺혔다가
조금 더 무뎌진 감각으로
새 지문이 돋은 것

점점 굳어져 가는 이 느낌으로
한동안 먹고 살겠다

고구마

두 손으로 쥘 것
눈 감고 음미할 것
찢어지지 않게 천천히 벗길 것

목이 메여도 손가락은 넣지 말 것
껍질째 먹지 말 것
동치미와 함께 먹으면서 버석버석 씹는 소리를 내지 말 것

터지지 않게 조심조심 쥘 것
한 끼니라도 감사할 것
더 이상 손바닥에 흙 묻히지 않고
손에 굳은살 박이지 않는다고 약속하지 말 것

오래 쥐고 있지 말 것
나누어 주지 말고 혼자 먹을 것
우물우물 하루에 한 번씩 꼭 되새길 것
내 크기로 남의 크기를 비교하지 말 것

목탁소리

추적추적 저녁비 내려
추녀 끝에 함박 내놓고
밤새 목탁소리 듣습니다

나도 금간 속내가 있어
염불을 외지 않아도
고요한 절간이 됩니다

수련의 이유

연못은 탁한데
저만치 떠 있는 빛깔은 선명하다

연못 위에 연잎을 둥둥 띄워놓고
화창한 여름날, 묵언수련 중이신 부처님

꽃을 보면 줄기의 방향을 아는데
한참 들여다보아도 그 아래가 보이지 않는다

뙤약볕을 발그래 견디고 있으면 꽃이 보인다고 하는데
오래 건너다보아도 거리는 그대로다

물컹한 연못 근처에서 곡차 한잔하시고
낮잠 한숨 주무시는지도 모르겠다

따가운 이 여름,
수련의 이유를 도무지 알 수 없다

고추밭

주렁주렁 매달린 것들이나 그걸 지지하는 것들은
한결같이 이랑 두둑으로 웃자라고

개망초며 명아주며 까마중 수북이 자란 고랑
호미로 캐고 뽑고 씨름하다 보니 여기가
지금껏 내가 지나온 길 아닌가

질겨서 더 뽑을 것 없어서
할 일 없다 말할 일 없으니
꼬물꼬물 기어가는 내 머리꼭진들 누가 봐주랴

발자국은 또 다른 발자국에 지워지고
또 무슨 잡촌들 일어서면 어떠랴

삘기 뽑아먹다가 까마중 따먹다가 허기진 이랑에
자꾸자꾸 고랑은 겹쳐 있는데

소문난 사냥꾼

나는 새들이 함부로 울지 않는다는 걸 알고 있다
맥박과 맥박 사이 피돌기 잠시 멈춘 순간
와드득 겨냥된 시위가 활을 떠나지만
나는 그 이유에 대해 물어볼 자격이 없다

새는 화살을 피하기 위해 나는 것이 아니라
높은 곳에서의 표적이 되고자 날개를 퍼덕이는 것이니까
봉당 앞에 철퍼덕 나자빠질 때쯤
그런 아침이 되어야 사냥꾼은 잠자리에 들 수 있다

하지만 비구보다 비구니 염불에 소름이 더 돋아오는 것은
소쩍새 울음소리 하나도 없는 골짝에서
그도 사냥꾼의 화살을 피해 다니던 시절이 있었다는 것을
몸으로 알아 버렸기 때문이다

원래부터 없던 지름길에 서 있는 새끼 노루의 비명이
쏴 죽여도 죽지 않았다는 건
어설픈 사냥꾼들의 주막에서 흘러나온 푸념일 뿐,

소문난 사냥꾼이라는 것은
반대쪽 눈은 이미 겨냥된 노루의
전생 어딘가를
정확히 꿰뚫었기에

미장원 미스리의 아침

그녀의 가위가 검은 머리카락을 싹둑싹둑 자를 때
어둠도 째깍째깍 잘라져
아침도 하얗게 드러나는가

잘라진 길이만큼
목덜미 하얗게 드러나는가

어긋난 시간의 흔적
발치에 우수수 떨어질 때
비로소 뽀얀 목덜미는 드러나는데

그녀의 손가락 꾸덕꾸덕 야물어가는 이유를 물어보니
아직도 가위로 쳐낼 칼이 있다고
수줍게 말한다

까무룩 가려진 세월이 있기에
뭉텅뭉텅 잘라낼 손맛이
제법 쏠쏠하다고

일곱시 반에서 아홉시 쪽으로 가위가 싹둑! 겹쳐지는 순간
낮과 밤의 경계에서 다시 포개지는 것

세상에서 제일 긴 것은
가위질 된 것과
가위질 되어 가는 것뿐이었다

옹이

입도 항문도 내 몸의 일부여서
가릴 것을 구분한다

뚫린 위치가 자리가 되는 나무에
어디는 새가 와서 살고
또 어디에는 벌레가 깃든다

늙은 나무에 가난한 새와
어린 벌레가 찾아와 살지만
하나는 먹는 놈이고
다른 하나는 먹히는 놈이다

눈도 다 보는 게 아니듯
입도 다 말이 아니다

오돌뼈

오독오독! 이 맛을 알기 전에는
늘 노심초사하는 수밖에

이가 성하든 그렇지 않든
이해의 아귀가 어긋나므로

잘못된 타산을 불러다 놓았으므로
안주든 반주든
오돌뼈가 제격 아니겠는가

포차의 차가 리무진이라
껌팔이의 껌이 불량식품이라
오독하지 않게

뼛속에도 독이 깃드는 세상
오독오독! 씹는 맛이 없으면
그 쓴 소주는 어찌 삼키나

오렌지

오렌지는 순우리말이다
까먹을수록 더 명확해지는
오랜 지혜의 덩어리다

겉은 완고하더라도 속내는 꽉꽉 들어차 있지 않는가
한쪽 단면만 보아도 수없이 명멸한 별빛을 감싸안고
돌아가는 시간의 바퀴살이 아닌가

서로 간섭하지 않는 투명한 피막
터질 듯 팽창해 있으면서
점점 중심으로 모이는 걸 보라

까먹을 씨가 있어도 좋고
그렇지 않아도 좋다
한알 한알 모두가 오랜 지혜의 씨앗이니까

안 보이는 안경

보이지 않는 것으로
보는 것을 보고 있다

가릴수록 선명해지는
이 테두리 안에서
투명한 동작, 안절부절 불안하다

감을 수는 없고
벗을 수만 있기에

폐업

배고픈 내 이름은 용접공이었으나
까다로운 식당 주인의 이름은 구청 공무원이었다
내 혀가 남의 혀와 같지 않아서
화분은 다음 달 폐업을 식당 앞에 내놓았다

지금은 배고픈 눈물을 가지에 매달을 시간
나는 그중 뾰족한 화분 모서리에 앉아 있다
출구에 폐업 중이라고 써 놓고
개업 중이라고 읽는다

풀썩! 매캐한 먼지 인다 거미집 한번 출렁이며
건물주의 이름을 조물주라고 써놓고
배고픈 내가 허기롭게 움켜쥔다

꾸역꾸역 골목으로 넘어오는 새 떼들을 읽으며
자장면집과 짜장면집 사이로
깨진 화분 몇 개가 걸어간다

2부

모란의 가을

6월

밤꽃 피던 날
그늘에 앉아
밀린 숙제를 했다

피는 꽃을 덜어내기 위해
6월의 나무 아래서
하루를 보냈다

지우개 같은 꽃
그늘 아래 수북이 남기면서

따가운 가시를 얻기 위해
나도 나무처럼 꽃을 버렸다

나그네

남은 미련이 아쉬워 전나무 잎 떨어지는 소리가 쌓인다
봄이 돋아나는 오솔길에 새싹들 소리가 흥겹다

다만 그들은 그들의 소리로 울고
나는 나의 소리로 울어야 한다

때론 너도밤나무 잎을 밟고 지나는
빗방울의 발자국 소리를 듣는다

그 소리를 읽으려고
잎 푸른 나무 아래 나는 잠시 앉은 것이다

  사실은 이름 모를 꽃 겹을 따고 싶은 생각에 길은 시작되었다 눈이 어려서 파란 잎에 파란 잎이 겹치는 걸 펼쳐 보고 싶은 거라서 그러다가 내 시력은 달의 뒤편과 같아서 치켜 올려다보는 순간 길을 잃고 말았다 그렇게 바람을 읽던 방향으로 길의 각도가 기울었다 한때 깊어가는 산길로만 걸어갔다 그런데 모르는 길이었다 길은 길어진 길이에 대하여 무책임하거나 분명하지 않았다 이 길의 갈래는 불성실하였으므로 내가 한 번도 가보지 않았으나 어떻게든 가능할 것이라고 위안을 했다 자꾸 길은 어디론가 가고 있다 출발 신호도 없이

이제는 물이 불어 못 건널 길도 없다 다만 돌아갈 길도 없다 지나가는 기억은 더 깊은 산으로 들어가지 못할 뿐이다 남아있는 소품처럼 매일 곳을 찾아 초점도 없는 발걸음을 놓아본다 나의 방랑은 이렇게 이어지고 있다 수많은 길 중에 이 길을 걸으면서 시작되고 있다 이름 없는 길을 이곳에서 찾는 중이라고 말하며 길이라는 내 목은 더 길게 늘어나고 다리는 더 짧아질 것이다

부레옥잠

얼룩얼룩 부유하는 흔적이 거울같이 비치면
물은 더욱 파랗게 질렸다

두 볼은 팽팽한 몸의 전부가 되었고
물고기는 그사이를 헤쳐 보느라 뭉툭한 입만 아프다

꼬옥 쥔 주먹을 숨기고
거듭 연못을 집착하고 있기 때문에
부레는 찰랑거리면서 평평히 떠 있다

옥잠의 부표를 세워두고
녹아 흐르는 연못을 한가득 덮어 놓는다

탁한 물에 제 몸을 담그려고 수면을 유영하는 부레옥잠
깊어진 사색으로 하늘과 연못의 경계를 깨닫는다

제각각이며 하나인 무리들
안팎 동시에 시선을 열어 둔다

샛길조차 마을 쪽으로 더 넓다
연못에 떠 있는 게 부레인지 부레에 떠 있는 게 옥잠인지
푸른빛이 더 선명하다

하얗게 속을 비워놓고도 흔들리지 않으려는
부푼 속을 담담히 내어놓고 있다

검은 이끼는 물속 돌 밑에 있기에
한겨울을 견딘 연못 때문에 잎이 더 푸르다

보라색 나비 한 마리 잠시 머무르다
더 푸른 잎새에 놀라 멀리멀리 도망간다

개밥그릇

깨끗이 핥아도 개가 먹던 것이라고 했다
여름 한 철 의미 없는 빗물이 고이고
가끔씩 일그러진 주둥이로
훌쩍! 뒤집어지는 소리를 냈다

끼니마다 수신인 없는 날것들
누구보다 먼저 날아와 새카만 무리를 짓기도 했다
참말 같은 새들 몇 마리 찾아와
내 어설픈 발치를 쪼아대기도 했다

심장까지 관통한 공복을 향해
흰 이빨을 날카롭게 드러내기도 했다

적절한 굴복을 마련하기 위한 것이었으므로
나를 챙겨 주는 일용할 그릇이었으므로
말에 베인 혀가 쓰라린 밤
젖은 코를 킁킁 맡아본 적 있다

핥을수록 갈증이 더해가는 이 비운 때문에
짓지 않으면 더 고파지는 이 운명 때문에
핥아도 다 핥아지지 않는 밥알 하나가
까만 손톱자국처럼 남기도 했다

보잘것없어도 내 것이기에
누구에게도 내어 줄 수 없다

도굴꾼

수탈한 거야 나쁜 도굴꾼이야
나는 오래된 것일수록 더 눈물겨워
울고 싶어 비어 있어 아름다운 무덤 속이야

문 열면 누구에게는 저주야 누구에게는 축복이야
다신 녹지 않을 듯
골육의 결빙들이 쌓여가 머리꼭지가 돼
빙점이 밀려와 조금이라도 신선한 것이라면 맨 아래층으로 하강하려고

답답해 답답해 아직 파먹을 속이 있으니까
눈은 눈두덩 안에서만 떠 있어
밤 깊어 공복도 깊어 그리운 옛 유적이 떠올라

어떤 때는 똑똑 노크 소리도 없이 열려
나는 채우고 너는 파먹으려고
이것은 배부른 공복의 의미라서

죽은 게 산 걸 유혹하는 것이라서
짐작할 수 없는 깊이를 들여다보려고
누군가 먼저 파먹은 무덤인지도
쿵쿵 나는 먼 신기루를 벌름거리던 낙타가 돼

문짝 여닫을 때마다 희미해지는 저 불빛 때문에
환할수록 시력은 더 어두워져
누구도 얼굴 감싸 쥐고 웅웅! 울부짖는 묘지가 돼

무럭무럭 피어나는 식욕을 식성처럼 쾅! 닫아버려
문득 한 무덤 헐어서 밥을 먹어
나도 누군가의 식성이 되고 싶어서

마라도

밤새 밀려와
그림자조차 남기지 못하는 파도가
여기 잠시 쉬었다 갑니다

누구를 향하던 마음 한 조각
침묵 속으로 번식하여
어린 갈매기의 울음으로 재워 봅니다

사방이 터져 있는 것 같지만
다 열려 있는 건 아니어서
나는 이제야 섬 같은 섬을 봅니다

여기 서서 보면
울먹이는 파도가 입술인지 잇몸인지
누구도 헤아리지 못합니다

메타세쿼이아

푸른 하늘을 우러른 것은
허공을 한껏 미분하고픈 욕구

흰 구름은 바람에 내맡긴 가지 끝에서
메타세쿼이아의 껍질 속을
수없이 셈한다

그 가지를 서식하는 작은 일꾼들
한겨울에도 잠들지 않으리라던 약속까지

오월쯤엔
매듭진 뿌리에서 시작된 이등변 봄을
파릇파릇 풀어갈 것이다

테니스

그들은 한 번씩 내 푸른 눈동자를 후려쳤다
번갈아 가면서 내 주인이 바뀌었다

나는 도망 다니는 줄도 모르는 채
그물 같은 담을 넘어 다녔다
낮도 밤처럼 울며 넘었다

흙의 색으로부터 도망 중인 푸른 일탈이며
불필요한 감정으로부터 도망 중인
샛노란 관용이다

검은 안경을 쓰고 있는 관중으로부터
시선을 터뜨려 먹는다
찬란한 일상의 햇빛을 터뜨려 먹는다

도망치다가 당신의 눈 속으로 귓속으로
은신처를 삼다가

뜰채처럼 흙바닥에 팽개쳐 두고
내어줄 것과 받을 것을 확인한다

엇갈린 줄에 시선을 잡아두려고
총알처럼 날아가는 비명으로 귀를 뚫어보려고
그저 낮은 눈동자에만 허리를 굽힌다

순간순간 팡팡 터지는 공허에
함성 같은 피가 번지고
6:6 막상막하의 스코어는 아직 끝나지 않았다

닭발

ㄱ자를 처음 써본 날
구부러진 발가락을 보았고
ㄴ자를 처음 써본 날
그 발톱의 빨간 양념을 빨았다

누구에게도 말할 수 없다는 점에서
이 철자는 구실을 구하는 데 급급했다

양념이 채 스미기도 전에
구부려진 발가락의 모양이
이런저런 기호로 그려졌다

삶은 닭의 발이라도 꼭꼭 씹어
몸 안으로 들이는 일이라서
나는 그 쓴 잔을
꿀꺽꿀꺽 넘겨본다

면

 나무가 잎을 진종일 펄럭이고 있어도 보이는 면은 일부다 바람에 몸을 흔들어 이쪽저쪽 뒤집어 보이지만 보는 면뿐이다

 면면한 것들은 또 바닥에 온통 쏟아가면서 굴려 가며 뒤집고 그러지만 별스럴 거 없다

 떨어질 잎도 떨어진 잎도 생각 외의 것으로 보지만 상수리나무보다 플라타너스가 조금 더 아름답다는 것만 알 뿐 고작 나비 날개의 반쪽만 하다

 당신 같은 나는 오늘 밤 이름 모를 면을 또 끓여놓고 그 구부러진 면을 건지며 매운 눈시울을 또 적시고 있다

 그게 내가 면을 바꾸어 먹던 거리에 방식이라서
 아쉬운 것들은 모두 차곡차곡
 다 옛 면이 되겠다

개소리

뒷집 개 짖는 소리에
짖는 것과 짓는 것에 대하여 생각하였다

저 높은 달을 보았기에 개는 짖는지
나도 따라 짓는지,
터덜터덜 걸인을 향해 개가 짖듯
나도 생각 없이 짓는다

가끔 뭐 마려운 듯 끙끙댈 때도 있지만
아무래도 너와 나의 운명은
오매불망 머리로 짖고 짓는 것

너는 멍멍!
나는 머엉,
대체로 그렇게

나도 참은 소리가 있어서
분명 너도 참은 말 있다
온통 속속 타는 소리,

내가 창밖 너를 보며 짓자
너도 나를 보고 짖는다
뒷집 아저씨 시끄럽다고 개를 한참 두들겨 패다가 들어간다
나는 짓던 걸 잠시 멈추고 멀뚱히 그걸 바라본다

팔뚝 오스스 돋은 소름을 문지르며
이걸 더 지어야 하는지
엉거주춤 망설이고 있다

모란의 가을

아무것도 걸치지 않은 도로의 나무들 때문에
모란장에 갔지 끌려가듯
느닷없이 대낮에도 핀 붉은 꽃에
가을이구나 싶었지

풍풍! 기계충 속의 숨어있던 어린 감각들 터져 나왔지
각을 떴지
속을 비웠지
새삼 끈적거렸지

아, 희박해지는 공기 속으로
흰 낮달이 눈동자를 동그랗게 드밀지

저렇게 빼어 문 혀의 길이도 해석하지 못하고
목구멍에서 굵은 무언가를 끌어내듯
망연히 보고만 있지
아이가 보는 개와 아버지가 보는 개 색깔이 달랐기 때문에

새카만 시간은 아직도 심장이 멈추지 않았는지
상상할 수 없는 상상들이 거뭇거뭇 나란했지
휘두른 몽둥이에
뻐끔뻐끔 목덜미 안팎의 공기를 드나들게 하고 싶었는지

그래그래 기어이 지는 내 저녁보다 더 붉지
붉은 살에 검은 그을음이 덮이고
내 몸의 일부인 것을 제각제각 나누지
지금은 침묵을 일용하기 위해
가장 슬픈 척하지

고기는 무게보다 연하디연한 육질로 결정되지
그것도 없어서 더 참혹하게 죽은 개가 되지
끔찍해 끔찍해
나도 그렇게 도망가는 동작으로 멈추어 서지

줄줄이 비엔나

어딜 봐요 내 입을 봐야지

바짝 허리가 조이면
머리도 배도
가슴도 똑같잖아요

머리가 터지든
똥꼬가 터지든
구별이 힘들지요

생각도 몸에 엮인 것이니
온몸이 터질 듯
다 같이 주렁주렁 맺혀봐요

가물치

나는 물고기가 아니어서
진흙 속으로 머리를 처박고 고정한 거다
꼬리 같지 않은 꼬리만 조금 움직여보는 거다

캄캄한 이 속에서 내 한 눈 꼬옥 감고 살면
하얀 구름 먼저 떠 간 시절 떠오르지만
굵어지고 있는 건
역시 대가리와 아가리뿐이다

옆구리를 그물처럼 그려 놓고
촘촘한 미련에 갇혀 버린 거다
진득한 이 속에서 빠져나오기 싫어
오늘도 몸이 무겁다

딱따구리

내 마음속 깊이 가라앉은
텅 빈 골짝에

내 슬픔과 외로움과 그리움으로
무심한 목공소 하나 차려놓고

똑똑! 한 계절 나무나 쪼아대다가
그렇게 한 구멍만 파다가

무슨 껍질처럼 빈 고목나무 하나 버려두고
홀연히 날아오르고 싶다

말똥구리

그 말똥

굴리고 굴려서

흙이며 검불 따위를 잔뜩 묻혀서

구리지 않게 만들어야 하지 않겠는가

토란잎

내 가벼운 잎으로

받아놓은 이 미련을

어떻게 간수해야 하나요

잎에만 머물다가

주루룩, 한 방울 흘러내리는

이 감정을 어떻게 하나요

홍시

붉어진 감이 걸릴 데가
가을밖에 없는데

내가 정말 슬픈 건
감만 부풀어 있다는 거다

3부

맛없는 핫도그

고사리

내가 손바닥만 한 죄에 사무쳐
낯을 들 수가 없어서
보다 더 습한 곳에
내 스스로 엎드려 기도하노니

사랑조차 구하지 않으며
심지어는 내 목을 꺾는 이를 미워하지 않기 위하여
더 그늘진 곳에 고개 숙여
이슬처럼 눈물을 또 흘리노니

행여 누가 내 빛을 가리더라도
내가 먼저 용서하며
죽을 때까지
더 깊이 웅크려 살게 하소서

스킨다비스

무심코 그 아래를 지날 때면
누구보다 자상한 손길로 내 머리를 쓰다듬는
너를 푸르게 애쓰는 식물이라 단정해

난해한 줄기를 그림자처럼 늘어뜨려 놓고
어지러운 말들을 걸어 놓고
나를 오랫동안 고심하게 하거든

새로운 머릿결의 시간이 늘어날 때
허공이란 뿌리를 내릴 수 있는 안식처
너는 길게 늘어난 줄기로 살아있는 뿌리를 대신하지

한껏 푸르른 소식을 머리 위에 올려놓고
젖은 눈시울로 내가 그 높이를 올려다보면
너는 흘러내리던 감정을 잠시 추스르지

파마머리로 반쯤 잘린 머릿결로
그 싱그런 고독을 배우고 싶어서
나는 부끄러운 고개를 한참 숙이지

쉽게 우러를 수 없는 그 높이
그 잎 활짝 푸른 방식을 눈여겨보려
넌지시 손 내미는 방법도 배워야겠어

호박꽃

문 활짝 여니
오죽 좋냐

문 여니 장마도 끝나고
얼마나 좋냐

나비도 벌도
다 니 편이 아니더냐

질경이

뿌리로 견디는 걸 말하자면
대체로 결가부좌형이다
무릎은 아프고 바닥은 차다

새벽이슬에 흠뻑 젖은
목덜미 하나 꼿꼿하여
바람도 가 닿지 못한다

채 한 뼘도 안 되는
겹으로 주저앉은 자리
짙은 색깔이 선명하다

볕이 차면 입이 넓어지기에
꽃대가 기우는 쪽으로
마음 하나 따라갈 것이다

막걸리

쌀뜨물과 혼동하지 말 것
턱을 적셔도 가슴까지는 적시지 말 것

새끼손가락으로만 한쪽 방향으로만 휘저을 것
그 손가락 필히 빨아먹을 것

넘치지 말 것
미리 따라 두지 말 것

신김치 멸치 대가리 구분하지 말 것
단번에 비울 것

고함치지 말고 흥얼거릴 것
발효와 부패를 혼동하지 말 것

다만
양식으로는 삼지 말 것

수탉

가장 높은 데로 올라야 합니까
긴 목 더 길게 빼고
저 높은 곳일지라도

양팔을 벌려도 좋습니다
온몸 털이 삐죽삐죽 일어나고
면두가 시뻘개지도록
한 번에 다 토해 놓아야 합니다

그래야 펄펄 끓는
잘 익은 노른자 같은 해가
따끈따끈 떠오를 것입니다

'꼭이요 꼬옥!'

여드름

가장 표독한 끝을 세워
그녀는
신에게 몇 개의 제물을 던졌다

해맑던 그 얼굴
일순 환희가 스쳐 지나지만
이내 근심은 더 깊어진다

그녀는 머지않아
노랑 빨강 제물을
더 많이 바칠 수 있을 것이라 믿는다

붉은 흔적

새벽 네 시나 다섯 시
끈적한 목덜미 따끔하여
철썩! 귀쌈 한번 올려 부치니
보리쌀만 한 것 하나가 툭! 터진다

새벽 창은 이미 불그죽죽 난자한데
머리가 눈알인 모기가
이 긴 장마철에 비명 한 줄기 남기지도 못하고
온통 선혈로 흩뿌려졌는지

차암 공교로운 것 하나는
눅눅한 모기 주제에
내 젖은 목에 붉은 흔적을 남기려 했다는 것

아침노을 너머에 장마의 끝이
성큼 다가와 있다는 걸
온몸으로 알려주려 했다는 듯

맛없는 핫도그

저녁 열 시쯤
택시 하나가 사내 하나를 골목에 탁! 뱉어 놓는다
씹다 만 핫도그처럼

사내는 너덜너덜한 허리를 펴며 아침에 그 자리가 맞는지
두리번거린다
길 건너편에는 분식을 팔면서 분식을 가르쳐 주지 않는
분식집과
자신의 편의를 팔며 고객의 편의를 헤아리지 않는
편의점이 있다

자판기 동전 투입구처럼 키 하나를 슬며시 밀어 넣고
그 집에 제 몸도 끼워 넣는다
들고 갔던 아침을 소파에 팽개친다

더덕더덕 붙은 피로를 욕실 수챗구멍에 콸콸 쏟아붓는다
꾹꾹 눌러가며 밥상도 차린다

차리자마자 그 빈속에 쓸어 담는다
마치 포탄 장전하듯

눅진한 빵 속 같은 침대 사이에
푸석한 살을 쑤욱 밀어 넣는다
살아 있다는 흔적 하나만 삐죽 내민 채

용접

좀 더 단단한 결속을 위한 일이야
절대 가면을 벗어버리면 안 돼
서로 붙어먹는 게 제일 중요하거든

110이든 220이든 다 필요 없어
380V가 최고야
확, 돌아서는 거지

교접이든 주접이든
빠지지 않게, 떨어지지 않게

금을 걸었다고 해서 금이 된 것은 아니야
용접은 그럴 때 필요해

아, 어쩜 좋아
그런 부끄러움에 너무 눈이 부시면
좀 더 두꺼운 가면을 사

손이 거칠어서 해먹을 게 이것밖에 없어서
금속이라면 다 좋아
끼리끼리라고 생각해도 돼

"어이, 거기 짤랑짤랑 걸어가는 아줌마
뭐 용접할 거 없수?"

복사기

우리 동네 동아프라자 빌딩을 막 들어서면
제일 먼저 입을 떡 벌리며 반기는 건
세련된 몸짓의 커다란 복사기다

키보다 더 큰 문이 닫힐 때
스르르 탁 한 차례 훑고 지나는 스캔 소리 들리고
캄캄한 상자 속 전등불도 확! 들어온다

버튼 한 번에 꼭대기 오르는 고층을 기대하며
소리나 불빛까지 흥분시키며
우리는 복사기에 또 오른다

문이 열리고 닫힐 때마다
똑같은 얼굴 똑같은 옷차림의 사람들
하나 둘 걸어 나온다
날름날름 복사지를 밀어내는 것처럼

지하 주차장이나 1층 현관에서 문이 덜커덩 닫힐 때
2층 보험회사에서 3층 PC방에서 4층 안마원에서
그리고 맨 꼭대기 층 열린문 교회에서

이 엘리베이터에 오르지 못하면
출근도 없다 퇴근도 없다
고속 상승이란 것도 없다

끝간 데 없이 오른 데가 끝이 아니라는 듯
똑똑 노크도 없이 멍텅구리 복사기는
윙윙 복사본을 또 내밀고 있다

일당 빼먹기

대전 유성 먹자골목 일당뼈다귀해장국집*
장님들 마주 앉아
얌얌쩝쩝 뼛골 빼먹고 있다

극돌기 횡돌기 관절돌기 사이사이
은근슬쩍 숨은 속살을 찾아
날카로운 이빨 여린 혀 날름거린다

처음 맵고 뜨거운 그 덩어리의 손길은 엉거주춤 소극적
이었다
  이제는 남의 등살 주물러 먹고 사는 시원한 손이기에
  골 빼 먹는다는 건 늘 신나고 재밌는 일

  주머니 속에는 척주 기립근 대둔근 주물러 주고받은
안마 일당 십여만 원이 있고
  유유상종 침묵이란 게 있기에
  한때나마 이토록 끈끈한 식욕으로 다가온다

치명적 뼈와 골의 사이는 태초부터 있었기에
거기 깊숙이 박인 살들은 쉽사리 빠져나오지 않는다
일당이란 게 원래 다 그런 것이다

돼지등뼈 수북한 뼈통엔 얼씬도 않는 공허한 눈길들
뿌옇게 서려가는 김 너머
그들은 차곡차곡 쌓여가고 있다

* 대전 유성 먹자골목에 자리한 맛집

치킨 성자

고단한 털 뽑고 둥근 몸 펼쳐 누우면
창밖 달빛 온몸 가득 스민다
괜스레 굽어지는 닭발을 잘라내며
닭이 아닌 고기로 올라선다

환하게 벌려놓은 뱃속에
앙상한 늑골만 핏빛이다
한 밤 치욕을 위해
비루한 머리까지 잘라낸다
마치 이데아의 속성처럼

다리는 다리로 날개는 날개로
토막토막 살려 놓는다
버리는 행위는 후회의 방식이었으므로
잔인한 손길도 망설일 게 없다

이승과 저승의 갈림길을 건너려
텀벙텀벙 끓는 가마에 제 육신을 헌신한다

건져 올린 슬픔을 이념으로 버무린다
혐의도 없었으므로 조문도 없다

내가 한 잔의 술을 부르는 것은
닭을 추모하기 위한 것이며
내가 더 슬픈 것은
그 닭을 내 몸 안쪽으로 모셨기 때문이다

빨랫줄

진작 해는 까마득히 높았다

허리 접은 놈 두들겨 맞은 놈
비틀어 쥐어짠 놈
심지어는 목 길게 늘어난 놈

오른발 왼발 짝짝인 놈
무릎 헤진 놈 똥구멍 찢어진 놈
허리 바짝 접은 놈

속 뒤집어 보인 놈
여태 질질 짜고 있는 놈
얼룩 덜룩 덜 빠진 놈

다만 한결같이
줄 하나만큼은 꼬옥 쥐고 있다

채송화

저녁 창가에 나앉은 어린 창녀들
그냥 잠시 쉬고 있을 뿐입니다

단 한 번 넓혀 보지 못한 잎으로
짧아 더 슬픈 길이로

짐처럼 올라앉은 꽃잎에
붉은 그림자 엷게 지으려고

하회탈

웃는 얼굴로 굳어요
다 그렇게 빚는 거예요

어때요 정말 희한한 표정이지요
그래도 이 속 들여다보고
같이 한번 흉내는 내봐요

누가 그랬으니까 하듯
나를 찾아 한번 웃어봐요

자, 당신도
이 모양이 우스워서 웃어봐요
빙그레 탁본해요

오뚝이

흔들려도 우뚝 서 있는 당신이 자랑스러워요

아직 내릴 때가 아니니까

몇 정거장만 더 견뎌보기로 해요

흔들리는 시간

우물 속 같이 쓸쓸한
탱자나무 가시에
슬픔 하나 파랗게 걸려있다

성긴 기억의 그물을 빠져나간
이미 곁에 없는
소쩍새 울먹이는 그 뒷모습을 그리며

귀 기울여 봐도
길이 사라진 숲속에는
푸른 별만 차갑게 쏟아져 내린다

찻물 따르는 소리
새를 기다리지 않는 나무처럼
가지를 허공에 뻗고 있는데

4부

청개구리의 사랑

보도블록

내게 눌린 기억은 마름모꼴인데
그녀는 촘촘 변화무쌍해요

나는 이어진 모서리만 밟는데
그녀는 밟은 면이 희미해요

나는 살비듬이 가려운데
그녀는 사이사이 경계를 넘어 다녀요

나는 내민 손이 부끄러운데
그녀는 어느 곳에든 관심이 많아요

나는 숫자만 더하며 걷는데
그녀는 경계석만 보고 걸어요

그녀의 민낯을 보고 싶은데
그녀는 뒷모습만 보여요

블루스 타임

내 몸짓으로 당신의 걸음을 읽어내는 일이에요
잘 익은 동작은 부끄럽다는 감정이 없으니까
부드럽게와 천천히의 차이는 무엇일까 한 번만 느껴봐요
내 눈에는 당신 눈 속 그 무엇 하나 애원하는 게 보여요

찬송가 493장을 다 불렀는데도
저 높은 곳을 향하여 날마다 나아갈 수 없잖아요
당신은 내 어깨에 머리를 늘이고 있는 버드나무 같아요
여기저기 두리번거리며 7080의 방향을 가리켜요
당신 눈 속으로 자꾸 낯선 시간이 들어와요

입을 다물 수 없는 우리의 호흡이라서
솜사탕 굴리는 과장법 같지만요
당신은 아직도 피울 꽃이 있는 거짓말 같아요
믿지 못할 중력을 돌려놓고
어쩜 좋아요 초대하지 않은 잎새가 창문을 두드려요

거봐요 새장에 갇힌 새라서 그게 슬픈 소리였던 거예요
당신을 이해하기 위해
나는 얼마나 많은 동작이 필요할까요
당신은 백로처럼 아쉬워지더라도 나는
오후 세 시 방향으로만 걸음을 놓아두기로 해요

두 발에 슬픔과 기쁨이 반비례하는 신을 신고
차마 울지도 못한 세월이 주춤주춤 걸어와요
쉬운 몸짓은 먼저 옮겨놓고
어려운 동작은 남겨두고
내가 그려 놓은 곡선 속으로 당신도 길을 잃어봐요

마지막 남은 허물을 벗기 위해서라도
한 바퀴 더 돌기로 해요
헛헛한 오후는 지겹도록 길어질 거니까
봐봐요 저 장미나무는 늙어 가면서도
간단없이 꽃을 피우잖아요

목련을 기다리면서

　당신 고르지 않은 치열이 눈부셔요 창밖에 잘 전지된 가지 사이에 시선을 두고 있다가 잠시 딴생각하면 당신은 하얗게 웃고 있던 거예요

　그제사 남은 폭죽이 일제히 터져요 펑펑 소리로 쏟아져요 99%의 물이 상반신으로 끓어올라요 나도 그만 머릿속이 하얘진 거예요

　알몸으로 겨울을 견뎌놓고
　잎보다 먼저 입술로 벌어진 당신
　등불 하나 없이도 밤을 밝혀요

　틈을 메우려고 봄이 찾아와요
　가지가 찢어지도록 목 터지도록 게워 오르는 화단의 당신은 한 번도 어디 간 적 없던 거예요
　그냥 그렇게

시소게임

낮은 곳이 이기는 것인데
왜 한쪽으로 기울어지는 걸 견뎌야 하나요

서로가 바닥을 자꾸 추어올리는데
가장 환하게 웃는 것은 어느 쪽일까요

중력은 참 부정확한 모순율인데
시소는 얼마나 친절한 저울인가요

시원한 것과 소원한 것은 같은 말인데
왜 같은 자리를 위해 애쓰나요

힘든 일을 잘 이겨 내면 바닥으로 곤두박질치는데
내 반대편에 앉아줄 사람은 어디 있나요

참꽃 연가

당신은 온몸으로 산에 들에 엎질러놓고
붉게 퍼질러 앉았네요
뜨겁지도 않은데 호들갑스럽네요

그런 당신 때문이랄까 봄 또한 밀려오네요
가지도 없이 목만 길어진 당신,
당신은 그냥 그렇게 물들어버린 건가요
마냥 벌겋게

나는 숨이 막혀 그런 꽃잎의 겹을 세어 보면서 입을 뻐 끔거리고 있어요 당신이 무질러 놓은 색깔에 눈부셔 하면서 그렇게라도 내게 말하고픈 말을 생각하면서 내 생각은 어디든 가지 못해요 단지 한 잎일 뿐이라고 단지 한 송이일 뿐이라고 위안을 해요 이 봄이 다 가도록

밀려가듯 밀려오는 당신을 들인지 산인지 다가온 삶이라고 해야 하는지 그런 노을을 닮았기에 너무도 눈물겹네요 그 꽃잎도 나를 남쪽의 방향으로 가리키고 있는데

봄 철쭉이 가을 단풍이 같이 그려지네요 속을 다 드러낸 것처럼 저 위에서부터 쏟아져 내리는 순간 산이 들이 구분되지 않아요

  진달래라 하기엔 엷게 물 흐려진 당신의 세월이 너무 환해요 참꽃이라 하기엔 차분히 물든 봄의 시선이 눈부셔요 하나는 먼저 오고 하나는 더디오는 꽃 같아요 한 아름 껴안고 있다가 그만 왈칵 쏟아놓은 사연 같아요 내 기억은 붉게 그 흘러내리는 동작으로 멈추고 싶어요 울먹울먹 한참 견디다 널브러진 미련 같아요 99% 남은 바닥이 보이지 않아요 차마 나도 그렇게 물들고 싶어요

  나는 입까지 물들다가는 기어이 연해질 거예요 내 작은 가슴에 엷은 초경이 들만한 기억이 될 거예요 당신을 만나러 가고 싶은데 어느 쪽 창을 열어야 할까 한참 고심할 거예요 당신을 보고 싶은 것은 괜찮은데 봄이 먼저 올까 봐 망설여져요 내 입을 벌리면 무슨 꽃이 튀어나올 것 같아 자꾸 뺨만 붉어지면서요

토렴

 알고 보면 이런 저녁도 당신의 가슴으로 데워놓은 것이지요 구태여 살을 맞대지 않아도 내게로 당신의 생각이 넘어와요 지금 나의 체온은 식지 않을 만큼 충분해져요 당신 때문에 이토록 진한 땀을 흘리는 걸 보아요 순댓국밥처럼 뚝배기처럼 체온을 똑같이 맞추고 그런 속같이 우리 살아요 얼큰한 내장 속을 확장하는 것처럼 포만감으로 오늘을 살아요

 오늘이 바로 기다렸던 그 저녁이에요 한 잔 두 잔들이키다가 아직도 뜨거운 한술 떠 보기로 해요 뜨거운 뚝배기는 부담스러우니까 한 덩어리 후후 불어 보기로 해요 그러자면 눈물인지 땀방울인지 모르는 게 식탁에 뚝뚝 몇 방울 떨어지겠지요 그러면 나는 이 초라한 식탁도 시간처럼 읽어달라고 말하고 싶겠지요 당신은 희부연 안개처럼 보이겠지요 마치 새벽 무슨 실루엣처럼

 이제사 나는 그런 체온으로 가능한 게 무얼까 고심해요 까마득한 새벽 저편에서 밤을 밀어내듯 밝혀 오는 건 또

한 무얼까 생각해요 그런 걸 자꾸 생각하다 보면 봄은 찾아오겠지요 골목 모퉁이를 돌아 국밥집이라는 이정표를 찾아야 하는 이유가 되겠지요 어디 갔다가 아무렇지 않게 찾아오는 당신처럼 깊어지면서 한껏 취하면서요

 오늘만큼은 내가 머물렀던 이 순간을 오랫동안 기억하고 싶어요 은근 내게로 넘어온 온기를 기억하면서 오랫동안 비워져 있고 싶어요 그렇게 당신으로 충분한 새벽을 아쉬워하면서요 오늘은 한때 뜨거웠던 내 온기는 어디로 전해져 가고 있는지 들여다봐야겠어요 밖은 아직 추우니까요

사과를 찾아서

사과를 찾아서 나를 구속한 사냥터에서
꽁꽁 얼어가는 냉장고 속을 탐닉했다
시간도 공간도 잊은 채

식식! 냉장고도 나도 속이 불편하다 서로 콧김이 벅차다
이 느즈막한 가을
새빨간 결정은 대체 어디 간 거냐

가장 높은 곳에서 결빙되어 가는 아이스바 한 개를 꺼냈다
이빨 자국 없어 보는 사람도 없어
얼굴 붉힐 일도 창피할 것도 없다

첫 번째 칸에서 속까지 시커먼 영양갱 하나를 보았다
두 번째 칸에서 배배 꼬인 버터링쿠키를 보았다
세 번째 칸에서 키가 다른 두 개의 맥주캔을 보았다
사냥터는 아직도 냉기와 열기로 덮여 있다

오후 한때는 잠시 휴전
　휴대폰에서는 문자가 약속시간 다 되었다고 깜빡였다
　뱃속에서는 사냥당하기 싫으면 얼른 사냥하라고 재촉
했다

　굽은 오이처럼 허리 접고 상춧잎이 너덜너덜해진 자리
　그 가장 깊은 자리에 사과가 있었다
　와작! 한 번에 뭉개지는 사과의 비명을 씹으며
　나는 오후에 약속된 그녀에게로 간다

청개구리의 사랑

등이 파란 개구리가 사랑에 빠졌어
색깔이 바로 그늘이라는 것을 알게 된 거지

빗방울이 떨어지는 색깔
은사시나무의 손 흔드는 색깔

자신을 부르는 색깔 때문에
등이 파래지고 있잖아

파란 한때의 사랑을 색깔이 깨우고 있어
파랗게 밤이 지워지도록 개구리는 개굴개굴 울어

등이 파랗다는 것은 볕이 없어도
나쁘지 않다는 걸 알게 된 거야

그렇게 보는 각도가 달라진 거야
이제 등이 파라면 온몸이 파랗지 않아도 돼

비빔밥

너랑 나랑 파먹을 익은 쌀의 미련은 두 무덤

숨죽어 고개 숙인 콩나물의 옆구리는 마흔 가락

아삭아삭 채친 무우의 속살은 세 숨결

햇살햇살 받아먹은 상춧잎의 이마는 네 손바닥

흙흙 아무도 들여다보지 않던 백도라지의 옆구리는 두 꼬집

아련아련 넘어가는 미나리 장단은 세 고개

찔끔찔끔 남몰래 흐르던 참기름 향기는 한 줄기

붉게 번지는 고추장빛 노을이 한 세월

총각김치

묵어도 아직은 더 세워보고 싶다
절이거나 울긋불긋 버무려져도
총각은 젓갈 맛에 길들어 가고 싶다

더없이 은근슬쩍 세워보고 싶다
새 봄날이 올 때까지 총각도 물러져 가도
온전한 형체만큼은 끝끝내 고수하고 싶다

시골에 뿌리박혀 20년을 살다가
상경한 서울이 어느새 또 그만큼인데
그도 저린 속 그 엉킨 속이 그립다

낮달

울응울응 선로도 없는 바퀴가

시도 때도 없이 능선을 한참 구르다가

저만치 수평으로 떠서는

나와 시선을 맞추고 있다

'당신 거기 있었군요' 하듯

노을

산이 빨강 꽃잎 한 바구니를 이고 가다가
계곡에 왈칵! 엎질렀어

빨강 꽃잎이 허공에 번져
노을처럼 울먹울먹 스며들었어

지지 않는 꽃을 욕심내려다가
기어이 계곡만 물들이고 만 거야

복숭아

흔적만 있는 그 틈이 너무 좁다

그 상큼한 수밀도를 보면 나도

볼살 발그레 열이 오른다

분이 묻어나도록 그리운 얼굴

서울로 전학 간 옆집 누나 같다

요구르트

이른 아침 잊지 말고 날 꼭 찾아줘
내 장은 시계 방향으로 돌아야 하니까

묵직한 곳에서 쌓인
당신을 위해 나는 살아

직장의 것은 직장에
결장의 것은 결장에 살아

날 잊지 말았으면 좋겠어
배설까지 생각하며 먹는 당신이
나는 너무 좋아

일감호 풍경

남녀 대학생 한 쌍 벤치에 앉아 정겹게 얘기를 하다가
순간, 남학생 기우뚱 몸을 기울이는 척하다가
쪽! 하고 여학생 입술을 냉큼 훔쳤다네

여학생 화들짝 놀라 들고 있던 가방으로
남학생 머리며 등판을 팡팡! 두들기다가
식식! 분에 못 이겨 하면서 별관 쪽으로 뛰어가 버렸네

호수에는 퐁퐁! 연꽃이 터져 나오고
버드나무는 긴 머리채를 이리저리
도리질치고 있었다네

나 중학교 2학년 때 일이라네
건국대 교정 일감호 풍경
그때는 그랬다네

잣나무

옆 사람이 애인도 아니면서
팔을 얹는다

누가 누구와 잤냐 물어보면
그냥 솔방울같이 웃는다

바람조차 머무르지 않았으므로
잎과 잎 사이가 시원하다

끝이 뾰족해도
서로 따갑지 않다

잣나무의 키가 늘어나는 것을 올려다보면
송진 같은 입김으로 내가 번진다

기대서 조금 자야겠다

사랑법

농익은 감 하나
장단지 뚜껑에 떨어져서
철푸덕!
단번에 터져버려

남 이사 보든 말든

맹꽁이

나는 맹
너는 꽁

너를 찾아서
우리 둘이
맹꽁맹꽁하고픈데

나는 맹하고
너는 꽁하여
이 여름이 길다

5부

달팽이의 집

꼴

아버지 꼴 벤 자리
풀냄새 뭉클 피어난다

누구의 꼴인가
소꼴이다
아니다 아니다 풀의 꼴이다

그것도 아니다
아버지 꼴이다

꼴이란 게 원래
다 그렇게 뭉클한가

아,
누워서 피는
소멸의 향기여

연향

  연꽃의 향기를 느껴본 적 있니
  저 향기가 얼마나 진한지 얼마나 멀리 갈 수 있는지 궁금하다면 여기 검은 흙에서라도 종아리를 걷어야 하지 않겠니
  그래야 저기 저 연꽃을 알 수 있을 것 같은데

가끔은 향기가 물을 건너 이리로 날아오기도 하는 걸요

  나는 네가 기다림에 익숙해지는 게 싫다
  언제고 원하는 것이 있다면 거친 물살이라도 가를 수 있어야.한다고 생각해
  그런 모습이 너의 향기가 되었으면 좋겠어
  언제나 생기 넘치는 모습 말야
  진정으로 당당한 모습,

연못에는 거머리가 살아요
그리고 지고 나면 아무 흔적 없는 저 꽃이 제게 무슨 소용인지 모르겠어요

애야!

토란잎이 아무리 무성해도 거기서는 연꽃이 피지 않는단다

검은 진흙에서 그리도 아름다운 꽃을 피우기 위해 물 위까지 봉오리를 들어 올린 수고를 너는 잘 보아두어야 해

나중 네가 힘든 일을 만나게 되면 그 연꽃이 바로 너였다는 걸 알게 될 거야

햇볕 좋은 날도 많은데 오늘은 구름이 너무 많아요

언제나 날이 맑게 개일 것이라고 누가 짐작할 수 있겠니

네가 저 연꽃에 다다른 때에 비가 올지 날이 화창할지는 누구도 알 수 없단다

그렇기에 마냥 기다린다는 것도 너무 막연하지 않니

다만 이런 날에는 남들이 모르게 연못을 건널 수 있으니까 네게는 더 좋은 기회가 될 수 있지 않겠니

다음번 그러니까 내년에도 꽃이 피지 않을까요

혹시 더 크고 더 예쁘고 향기도 더 짙은 꽃이 필런지
모르잖아요

그래
필 수도 안 필 수도 있겠지

달팽이의 집

등 뒤에는 달이 떠있습니다
201호 빌라는 누구의 껍데기인지
문 안쪽이 어둡습니다

바삭 금방이라도 부서질 듯 출구도 입구도 아닌 눈으로
망연히 나를 내다보고 있습니다

등 뒤에는 달이 떠 있고
결국 집은 비어 있는 것이었습니다

이 적막은 누군가 무거운 껍질을 벗고 떠난 것, 자신을
잃은 달팽이는 단단한 집을 돌아보지도 않았겠습니다

삶이란 게
다 같은 달이 되는 어느 날
집은 그냥 껍질로 남는가 봅니다

달팽이는 집을 버렸습니다

민달팽이

어머니,
오래 소식 전하지 못해 죄송합니다
훌훌 무거운 짐 벗고 싶어서 나선 길
왠지 더 무겁습니다

꽃 한 송이 피지 않는 여름날
강물은 멀고
모래는 더 가깝습니다

문득 뒤돌아보면
발자국 혈흔처럼 길게 남는데
둥근 내 집은 맨발 끝
저만치 멀리 있습니다

날 추워지기 전
집에 찾아들겠습니다
어머니 죄송합니다

겨울밤

저 별들을 모아 기운 걸 입고 웅크리면
성큼 다가오는 겨울이 춥지 않을까
저 별을 어머니 대신이라고 불러도 될까

당신의 살 한 줌과 뼈 한 묶음을 가지고 저녁이 길어진
까닭이 되는 걸까 이 초롱한 하늘에는 남루한 내 공복이
더 추려한 이유가 되는데

이 겨울에 와서야 바람에 흔들리는 빛깔로
그냥 떠 있는 이유는 무얼까

기억을 더듬어
성큼 다가서는 이 겨울에 나는 남은 아쉬움으로 바람을
맞고 있는데 왜 덜 언 땅을 바라며 서성이는 흔적이 되어야
하는 걸까

눈은 내리지 않고 떠 있기만 하는데
어디에 누군가가
내 먼 눈을 깨워줄까

꾸구리 얼룩

형이 잡아온 꾸구리랑 놀다가
손가락을 물렸다

힘껏 잡아당겨도 탈탈 털어 봐도
꾸구리는 내 손가락을 놓아주지 않았다

아버지가 올 때까지
나는 손을 흔들며 엉엉 울 수밖에 없었다

손가락처럼 꾸구리도 같이 흔들렸다
형도 같이 울었다

아프다기보다
나는 꾸구리 때문에 억울해서 참을 수가 없었다

고작 얼룩덜룩 못난이 꾸구리 때문에
내 손가락에도 희미한 얼룩이 생겼다

A

아버지는 다리 벌린 지게가 되었다
작대기도 없는데 반듯하시다

"에이 참" 아버지는 괜한 짜증이시다

사다리 모양의 다리를 가지고
우리집을 버티고 있었으므로
오늘도 힘드신가 보다

가랑이를 벌리고 있지 않으면 넘어지기에
각진 모양으로 버틴다

다리가 아픈 아버지 때문에
"에이"는 A가 되었다

밤나무

　노을을 타고 해는 떨어져 내리지요 저녁이지요 그 집 주소가 기억나지 않으면 그냥 이끼가 가장 퍼런 집을 찾아요 내 더딘 시력은 시간의 아버지라고 해요 잔가지가 모두 하늘 쪽으로 어긋나기 시작해요 어찌해야 할까요 나무가 바람을 비켜주지 않아요 바람이 나무를 돌아가요

　가끔은 저 높은 곳에서 환한 별이 떠 있기도 했어요 오래 올려다보고 있으면 결국 빈 쭉정이였던 거예요 그런 나는 당신 따라서 바삭바삭 낮은 세상을 밟으려고 애쓰기도 했지요 다 부질없는 거예요 가끔 뒤돌아보면 당신은 항상 그 자리에 있을 뿐이에요

　그 아래에는 검은콩과 밀 보리를 심을 수 없어서 아는 사람보다 모르는 사람의 손이 더 따뜻한가 의심도 했지요 날마다 길어지는 가지 때문에 아마도 당신은 나무를 더 이상 그만두고 싶었을 것 같아요 지금은 움직이는 그늘도 없어요 알맹이보다 쭉정이가 많은 벌레 구멍도 없어요

오늘은 손보다 손수건이 작아서 창문이 닦이지 않아요 지금은 생각으로만 잎을 다 떨군 자리까지만 가 보기로 해요 이는 이랑을 보면 쉽게 모이는 낙엽처럼 문과 문 사이로 바람이 일어요 그래요 내 늙은 서랍 속에는 오래된 밤나무 잎 하나 들어 있던 거예요

민들레

대전 동부시외버스터미널
택시 승강장 구석
두 뼘 사각진 코너에
할머니 한 분 쪼그려 앉아 있다

꼬질꼬질 파리한 손
겨울 한철 잘 견뎠다고
그래도 아직은 춥다고
곰실곰실 내밀고 있다

오백 원짜리 동전 하나 손에 쥐어 주니
누렇게 뜬 얼굴
배시시 피어나고 있다

겨울 숲

겨울의 옆구리가 울먹이듯 건너옵니다
앞사람의 머플러에 내 차가운 이마가 닿으면
뒤따르는 모양으로 잠시 멈추어 섭니다

밤새 불던 입김은 엉거주춤 얼어붙고
한평생 피곤한 육신은 고만큼의 간격이라서
여름내 흔들던 가지를 쉬고 있는가 봅니다

살아 있는 걸 아닌 척하며
죽을 수밖에 없는 숲으로 들어가 봅니다
여름과 겨울 중 어느 것이 더 무거운지
저울질해 봅니다

마지막 책장을 넘기고 나면 수의를 입고
밀린 전기세를 어쩌지 못해 나도 하얘지면서
희끗희끗 지워지는 겨울로 마중 나가기로 합니다

배꼽

 공사장에서 아저씨가 맨홀뚜껑을 갈고리로 걸어서 덜커덩! 벗겨내었네 그 안에 더러운 것도 청소하고 고장 난 것도 고치려고 그런다네 아, 기발한 생각이네

 정말 정말 쓸모 있는 용도라네 장마철도 아닌데 고약한 것들이 콸콸 잘도 흘러가고 있다네 그것들 흘러가는 방향 일러줄 사람 하나 없어도 아무런 상관없다네

 뚜껑이 있으니까 아스팔트가 있으니까 차들이 쌩쌩 지나쳐도 상관없다네 덜컹덜컹 소리만 조금 날 뿐 안에는 아무 이상 없다네 도시의 이 배꼽 정말 편리한 거라네

 그런데 그런데……
"죄송합니다. 위암 말기입니다만……
몸이 너무 약해져 있어 개복을 할 수 없…."
다는
슬픈 내 어머니의 배꼽

오이냉국

봐라!
이렇게 길쭉한 오이도 국이 되었잖냐?
생각만 하고 있음 뭐혀?
뻣뻣하게 버티지 말고
니 생각을 다듬고 썰어야 허지 않것냐?
요렇게 썰린 오이는 앞뒤가 다 똑같아
다 시작이고 끝인 겨
잘게잘게 썰면
문제 될 게 아무것도 없는 겨
제 속 들킬까봐 잔뜩 웅크릴 필요도 없는 겨
국물 시원허지 후딱 한 그릇 말고
얼른 출근혀

나의 진로

스물한 살 때 일이다
아버지 뒤따라가신 어머니 배웅하고
이제 더 이상 혼자라는 생각에
진로를 찾아 거리로 나섰다

평양냉면 샤니 중화식품 꽁지네 포차 죠다쉬를 지나
마지막으로 삼영식품까지
땅거미 어둑한 저녁 찾아드는 포차에
진로가 거기 있었다

누런 뱃가죽에
턱을 한껏 치켜들고
오만 가득 나를 치켜다보고 있었다

자격증 하나 따 놓지 않고 뭐했냐고
세상 수많은 진로 중
고작 이 홉짜리 진로를 비틀고 있냐고
두꺼비는 뼈끔뼈끔 얘기하는 거였다

붉은 똥집 한 점을 우물우물 씹으며
차암 진한 이슬 한 방울을
나는 탁자에 떨구어 보았다

아직도 찾지 못한
그토록 찾아 헤맸던
그 진로의 궤적을 그리기 위해
난 새벽마다 눈 뜰 뿐이다

실업자의 못

내 시선이 벽에 아프도록 박혀 있다
걸린 것 하나 없이
거반 깊숙이 박혀 있다

장도리를 잃어버린 사람
구멍 밖 세상을 내다볼 방법이 없어
네모나게 고정되어 있다

옆으로 보니 의자 같기도 다시 보니 손잡이 같기도 한
이것은 앙상하게 말라가는 바로 내 뼈다귀였던 것이다

상처가 없으면 관통당했어도 내다볼 세상이 없나니 한
마디로 이것은 궁색한 변명이다

걸린 게 없어도 걸릴 것 많은 이 세상
못도 많고
못자국도 참 많다

칡꽃

절벽에 오르자 바람이 분다
이내 잎사귀들이 흔들린다

평지와 다른 몸뚱어리를 생각하니
아득한 높이가 아찔하다

뛰어내리고 싶은 충동을 참자
옆구리 근처에서 꽃이 핀다

그 꽃의 미련 때문에
목마른 사랑이 가끔 내게도 찾아왔다

시래기

시래기 한 줌
헛간 벽에 걸려서
초라한 겨울을 나고 있다
누렇게

누렇게 말라가면서도
여린 바람결에는
뼈마디를 소리 내어 흔든다

걸려있는
괭이며 낫더러
바스락 바스락 소리 좀 들어 보라고

소라게

서산 바닷가 민박집 할머니는
문 활짝 열어 놓고
뻘에 나가 계신다

엉금엉금 기어다니면서
하나 남은 집게로
무언가 주워 담는

불러도 대답 없는 게
아마도 작년보다
까무룩 귀가 더 어두우신 게다

그 자리

무기력한 오후 한때
눅눅한 화장실 청소하려는데
바닥 솔 어디 갔는가 보이지 않습니다

언감생심 부엌비 가져다 벅벅! 문질러 보는데
무지한 것도 그냥저냥 나쁘지 않습니다

밖에 문 두드리는 소리 들려 나가보니
앞집 할머니 마른 억새처럼 구겨진 파지처럼
현관 앞에 무질러 앉아 계십니다

지금껏 차곡차곡 숨겨 두었던 누구의 무심까지
신문지며 잡지에 꽁꽁 묶어 내주며
달달한 커피믹스 한 잔 휘저어 봅니다
아직도 차가운 두 손을 위해

무겁게 무겁게 수레까지 밀어주지 못한 게
덜 무심해 보이는 건
알량한 커피 한 잔 때문이 아니겠습니까

내게 덜 무연한 변기 세면기 아래
구석구석 찾아다니며 꾸벅꾸벅 고개 조아리는 저녁
쓰윽 쓱! 온통 억새 부딪치는 소리로 들립니다

무정히 쓸던 빗자루 물비누로 한참 헹구고 닦아 보지만
화장실 바닥 청소하던 그 느낌
나도 어쩌지 못해
거기 그냥 두고 나온 탓입니다

6부
가벼운 방

스냅

어느 봄날 101동에 한 박스 내려놓은 택배기사
102동 화단 앞에서 순간,
움찔! 발걸음 멈추어 선다

잽싸게 품속 휴대폰 꺼내서는 찰칵! 장전하여
목련의 모가지를 겨냥해서는
인정사정 봐주지도 않고
달아날까 싶은 봄날의 한 컷을 찍어낸다

화들짝 놀란 목련의 무리가 한 개의 줌 안으로
울컥울컥 억울하다는 듯이
일제히 끌려 나온다

순간 101동에서 102동 화단으로 이어지면서
여기도 펑! 저기도 펑!
봄날의 한때가 정지된다

날지 않는 백조

그는 질펀한 시장 어귀 바닥을 유영하고 있는 백조예요
허리 아래로 날개를 깊숙이 접은

백조는 가장 깊은 곳까지
가라앉고 싶었는지도 모르겠어요
차라리 녹다 남은 소금처럼 춤사위를 끝낸 듯
곤고한 하루를 밀며 기고 있었으므로

절인 발목이 없었으므로 이쑤시개나 면봉 따위로
시장 바닥의 수심을 가늠해 보고 있는 것일 수도

다만 찬양 같은 곡조는 아직 끝나지 않았는데
저 높은 곳을 향하여 날마다 나아갑니다
그렇게 헛손질처럼 제 몸을 밀어보고 있는 거예요

죽어서도 발가락만은 보이지 않겠다고
검은 타이어로 꽁꽁 싸매 놓은 것이지요

철수세미가 무거워, 플라스틱 칫솔이 껄끄러워
구두약이 검어
백조는 날지 않고 있는 것인데

사람들은 꾸벅꾸벅 고갯짓하는 그 백조가 가여워
다만 주머니 속 몇 푼을 덜어
바구니에 짤랑짤랑! 떨궈보고 있는 거예요

닭의 도리

저녁 술안주로 배달시켜 놓은
매운 국물도 없는 볶아 만들지도 않은 해석 불능의 닭요리를 보며
국민학교 3학년 때의 일을 떠올립니다

무리와 어울리지도 못한 채
새벽나절 멋들어지게 홰치는 수탉의 사랑도 한 번 받지 못하고 살던
그런 암탉이 우리집에 있었습니다

아버지는 그 닭이 알을 낳는 소릴 꼬꼬댁 꼬꼬 할라치면
냉큼 달려가 발길질하는 시늉을 했습니다
형들도 그랬습니다 저도 그랬던 것 같습니다
알을 낳지 못하는 닭이었습니다

어느 무더운 여름날
저녁노을이 닭개장처럼 붉던 날

우리 일곱 식구는 타작 때 쓰는 멍석에 모여 앉아
매운 닭의 도리를 뜯었습니다

큰형은 똥집을 골라 질겅질겅 씹었고
아버지는 닭발을 뼈째 오독오독 씹으며
매운 국물에 밥을 비벼먹고 계신
할머니를 힐끗 바라보기도 했습니다

그 암탉을 다시는 볼 수 없었지만
닭 요리를 먹을 때마다
토막토막 도리쳐진 기억들 떠오릅니다

멋들어지게 홰를 치던 수탉의 곁이나
 아침을 온몸으로 산란하던 암탉들의 무리에 끼지 못
하면서도
 결국 저 나름의 도리를 다하고 죽은 그 닭

논 이야기

서로 간섭하지 않기로 합니다

가뭄에 논바닥이 갈라질수록

고개 숙인 여백을 아껴주기로 합니다

서로의 몸을 묶지 않고도

하나의 포기가 되기로 합니다

뜨거운 혀

활활 개 혓바닥 하나 뜨겁게 날름거려요
와드득 옷장 관절이 비명을 지를 때를 기다려 덥석 삼켜요
먹을 것 하나 없는 문짝에 책상에 불붙은 개들이 붙어 먹어요

가느다란 못에 걸려 있던 집착이나 곱씹던 대못이
임플란트처럼 박혀 있어서
전기가 맥을 똑똑 끊어먹어요
주르르 냉장고가 녹았어요 꿀꺽꿀꺽 마셔주세요

뜨거운 혀는 어느 곳에든 어느 것에든 정확히 분주해요
첩첩 핥아먹을 게 없으니까 계획적이지도 않아요
서랍에서 내민 빨간 길이를 삼키듯
그렇게 쉬운 종이는 먼저 먹고 딱딱한 회전의자 바퀴는 남겨두고요

아궁이와 굴뚝은 직선이 아니라서
거실에서 안방을 넘보고 창문으로 뛰어나가요

길 없는 길을 헤매던 내 심장까지 굴러가더니
냉큼 집어삼키는 거지요

거실의 주인이 되고 안방의 주인이 되고
저녁의 하얀 밥 대신 라면 한 그릇 빨갛게 삶아먹고
아무것도 잉태하지 않은 이 개는 무서워요

불붙은 혀가 제 속을 비워놓는 건 자연스런 일이지요
고개를 내밀고 닭장 밖을 훔쳐 먹는 닭처럼
사람들이 그 소문을 쪼아 먹어요
눈으로 직접 보지 않은 것은
다 소문이니까 상관없어요

타는 집을 보고 있는 건 괜찮은데
그 집을 잃어버린 게 문제예요
불꽃 같은 혀 다 타버렸다고
화가 잦아들어요 찔러볼 꼬챙이를 준비해야겠어요

어항 안쪽에서 입을 뻐끔거려야 하는 일이
이제는 일어나지 않을 것 같아요
수만 리터의 물이 고여 있는 하늘도 있으니까요
차라리 당신에 대하여 허탈한 예습 복습이라도 하고
싶어요

탄 것들은 대게 쓴 걸로부터 시작해요
그런 커튼은 무슨 바람의 색깔을 덧입히려는지
새카맣게 그을린 얼굴을 201동 주차장 바닥에 내려놓고
302동 너머로 사라졌어요
뜨거운 입은 사라지고 혀만 남았어요

가마우지

질끈 무슨 끈에 목이 묶였는지도 모른 채
모 자동차 영업사원 강 대리 배 대리 민 대리
건널목에 서서 빨간 눈 파란 눈으로 바뀔 때를 노린다
텀벙텀벙 그들만의 강에 제 몸 던지듯

꺅꺅꺅 모가지는 실적에 붙어 있고
그 끝은 언제나 고층 빌딩이 쥐고 있는데
이들은 회사를 사정없이 좋아했는지
완강한 회사도 묶인 끈을 풀어 줄 수 없다

꽉꽉! 느슨해진 타이가 조여 오면
평평한 구둣발은 지하철로 빌딩 숲으로
부릅뜬 눈은 건져 올릴 무언가를 위해
사방팔방 속속 들여다보고 있다

갑갑하다는 건 나를 묶은 현실을 지각했다는 것이기에
오늘의 수당 고기 한 점 위하여
까만 머리 팔다리를 허우적거리고 있다

제각각 다른 키를 가지고
나란한 출발선에 세워진 강 대리 배 대리 민 대리
이들의 끈은 올가미도 아니었으므로
미미한 저항들이 서로 날갯짓만 부추겼으리라

물렁했어도 통째로 삼킬 수 없는 저 하루
꺼이꺼이! 팽팽하게 잡아당기는 목덜미에
턱뼈가 먼저 아파서 내려놓은 저녁
쓰디쓴 한잔 소주를 위해 타이를 더 질끈 조일 것이다

가벼운 방

꼬막 주둥이처럼 늘 입 다물고 있었어
때때로 어깨는 기우뚱거렸어
PC방 노래방 소주방…… 등을 헤매다가
무거워진 방이 되었어

한 달에 한 번 쓰는 양산과
두 달에 한 번 쓸지도 모르는 명함과
세 달은 넘어야 밖으로 나올지도 모르는 그 무엇까지
묵묵꽉꽉 들어찼어

어떤 방도 열 수 있는 열쇠가 들어 있는데
그 방을 열 수 있는 열쇠는
어디에도 없었어

모두 조개처럼 입을 닫고 있다 해도
다 가방은 아니라서
그냥 속이 꽉 찬 방처럼
정녕 만두속처럼

때론 입을 떡 벌려
그 안의 온갖 것들을 삼키기도 하지만
그런 방은
역시 입을 꽉 다물고 있어야 제격였어

그 방은 가장 작은 방이기도 하지만
가장 가벼운 방이었어

열쇠 수리공 불러놓고

항상 열리지 않은 문 때문에 당혹스럽지
짤랑짤랑 꽃다발 같은 걸 잃어버리면
외진 뒤뜰에서 벽을 넘으려 했지

붉어진 감잎은 답답한 담장 너머로
까닥까닥 잎을 넘겨다보고 있는데
횅댕그렁 골목 어귀에 버려진 시계
오직 죽은 시간으로만 고정되지

마냥 뜨거운 문을 열고 싶지
21세기의 열쇠 수리공은 바다를 건너다가
들집에 들러 아이스커피를 한잔하는지

나 지금도 맞지 않는 열쇠를 비틀고 있지
수런수런 소문들에게 청하는 불안한 악수로
한 문이 열려도 닫혀도 다른 문에 다치지

풀풀 찢어진 땅을 꿰매던 풀들마저
구름을 보더니 깔깔 웃지
누구도 문을 잠근 것이 아니지
어느 날 찾아온 문을 보았을 뿐이기에

치석

치석 같은 치욕이야
뿌리 근처에 살아
틈을 메우며 살아

어떤 모래의 성분과 같아
돌을 키우고
허물어 버리기를 반복하는 거야

지금은 금속으로 돌의 음을 연주하는 시간
치석이 아니라면 내 속으로 울리는
그 아픈 소리를 들을 수 없거든

저기 어떤 곳에서도 정직했던 누런색
사방팔방 비상하는 것 좀 봐

흰구름

호사란 원래
가지지 못한 이가 가지게 되는 일은 아닐 터

금방 바른 벽지 같은 살 허물을 벗어놓고
떠나는 너를 보면서는
비명도 차마 그곳에 있을 수 없었다지

그래서 저 먼 곳으로
고개를 돌리고 말았다지

아득히 먼 곳으로 흘러가는 저 눈물방울 속에 흰 눈에
덮인 산 능성이가 푸른 물결을 타고 흔들리는 것 좀 봐라
겁나게 좋다고 하지마라 좋으면 좋은 거지 겁날 것까지야

아무튼 너는 좋겠다
가벼워서

장미 1

제발,
나를 보지 말아요

삭뚝! 잘려
팔려 온 이년의 미소
그 비통함을 보지 말아요

나 여기 더러운 물속
밑둥부터 서서히 썩어가는
이 목숨을 기억하지 말아요

고개 숙여
붉은 겹 하나 둘 떨궈 울어야
고향의 흙을 만나는
이 년의 얼굴을
더 이상 어여삐 보아주지 말아요

슬픈 장미의 죄
이미 잘리운 곳 찾아 꿰맞춰 본들
진작 말라 하나 될 수 없기에
눈물도 사치일 뿐이랍니다

장미 2

내게 빨강은 어떤 색깔입니까
가시를 먼저 보아야 합니까
그냥 겹과 겹의 사이입니까

애초 익은 그런 색깔입니까
5월입니까
이마가 뜨거운 오후 세 시의 빛깔입니까

꽃보다 5월의 빛깔이 왜 더 아름답습니까 차가운 금속형 가위로 빨강을 따는 일이 당신은 재밌습니까 무슨 노래가 될 때를 기다리는 겁니까 다 피지도 않은 시간을 바구니에 담아놓듯 철컥철컥 모가지를 잘라놓고 처연히 그 화단을 들여다보고 있어야 합니까

물음표입니까 느낌표입니까 나도 이제는 눈을 꼬옥 감고 입을 오므리고 살아야 합니까 열두 시는 기울어지지 않는데 겉만 핥고 있는데 빨강이 진해지면 왜 혓바늘이 돋아납니까 오늘사 부끄러운 내 입을 기꺼이 달싹거리게 합니까

제각각 다 다르게 생겼는데 왜 똑같다고 생각합니까
날카로운 송곳니 사이에 잔혹한 빛깔을 덧입혔는데
왜 그냥 보고만 있습니까

펄럭펄럭 5월 눈부신 달력을 6월로 넘기며
이 처연한 색깔을
끝끝내 참아야 합니까

숲속 장례식

아직 푸른 피가 마르지 않은 장례 행렬이
떡갈나무 밑동을 지날 때
까마귀는 가혹가혹 믿어지지가 않는다고
검은 날개를 연신 퍼덕이고
매미는 울다 울다가 목이 쉬어버렸다

암컷이 먹다가 버린 수컷 사마귀였던 것이다

머리는 간데없고 가슴도 절반은 파먹혔다
죽음보다 번식의 욕구가 참기 어려운 것이라고 했다
그녀를 위해서라면 얼마든
머리도 가슴도 내어줄 수 있는 것인지

후세를 위해서인지
사랑을 위해서인지
저 주검의 용도를 헤아릴 길 없다
가는 다리로 떠메고 가는 개미들의 식욕은 그걸 알까
온몸으로 그에게 바친 제물인 것을

영혼까지 바쳐서 내려놓은 사마귀의 저 헌신
관도 염도 없는 운구 행렬이기에
누구는 팔을 끌고 누구는 다리를 끌어 재촉한다
먼 산 뻐꾸기 한 마리도
꾸욱 비통한 울음을 삼킨다

흰개미 몇 마리 다가와 흘린 체액을 할짝거렸으나
아무도 눈여겨보지 않는다
이 거룩한 장례가 끝나면
저 통통한 뱃속으로 무슨 알을 슬까
누구의 뱃속으로 삼켜져 한 점 알이 될까
장례식이 끝나기도 전에 분만실 문안 가야 하는가

잠시 머뭇대는 순간
홑겹 같은 몇 장의 날개가 벗겨지고
알몸은 황톳빛 개미굴 속으로 던져졌다
장례 행렬이 끝나고 숲은 아무 일 없다는 듯 분주한데
돌아갈 내 집은 더 멀어졌다

문어

K대학에 M씨 박사는 머릿속에 먹물이 가득하여
누군가 곁에 다가서기만 하면
먹지도 못할 먹물을 쫙쫙 토해 놓는다

사람들은 방어기질적 그 행위엔 관심이 없고
빤질빤질한 그 이마에만
온통 시선이 머물러 있다

사계

　열일곱 살 옥미는 인형공장 6개월 시다 실밥 따는 일이 힘들다네 제 미싱만 없다네 언니들 미싱만 있다네

　쪽가위질에 손가락이 굳어가던 어느 점심에 만만한 언니 미싱 한 번 빌려 탔다네 톡톡톡! 미싱 바늘 지나간 자리에 노란 파란 원단에 길도 새로 열리고 있었다네

　순간 앗! 하는 순간에
　손가락에 빨간 꽃 피었다네
　너는 누구를 위해 피는 거니?
　물어볼 새도 없었다네

원단에는 빨간 꽃 노랗게 피고
무심하게 아직도 돌아가는 언니의 미싱에
호랑나비 냉큼 날아들었다네
웅웅! 벌들도 날아들었다네

볼링볼링

굴러가다가 와장창! 박치기 한번 하려고
중, 약의 눈구멍으로 손가락을 넣는 거지
직선도 아닌 공의 회전으로 저 먼 곳의 무리를 밀어
보는 거지

볼링의 센터는 빠지는 허방과 기름기 사이에서 미끈미끈
비롯되었지
점수는 가지런한 치아 같은 말이라서
눈 떠보니 다 지평선이지 XX다 지우고 싶지

다만 공이라 굴러가는 거지
아, 하고 공의 입을 열지
더불어 동그란 눈깔도 빠지지

볼링볼링 겉으로 말아놓은 원형의 방식이라서
덜커덩 밀려오는 바람에 16파운드 손가락은 무거워지고
평평한 레인은 둥근 것만 사랑하였지

그 눈먼 걸 끌고 가다가 결국 도랑에 냉큼 빠뜨려 버리지
쿵쿵 심장 떨어지는 소리에 핀은 쓰러지고
1프레임 2프레임 진종일 벌어지는 점수의
길게길게 모가지는 길어지지

크기는 같아도 무게는 다 제각각이었으므로
너의 공은 빨간색이라서 나는 기어이 검은색이어야 하고
올라갈 때가 정해지지 않은 나는
옆 사람의 눈치를 보지

알고 보면
시지의 방향으로 모든 공의 방향은 정해지지
나는 무겁고 검은 공의 월요일이라서
바람이 나오는 속을 한참 들여다보고 있지

수족관

날씬한 복도 세련된 복도
천천히 아주 천천히 절대 빠르지 않게
똑똑한 바둑돌 놓듯
날렵한 어류가 지나가지

어어! 까만 붕어 빨간 붕어
옆으로 옆으로 시선 따라 볼 붉히지
새로 부임한 처녀 선생님
물렁물렁 급식이 무르익는 시간을 걸어가지

잠긴 닫힌 상자를 열자
복잡한 먼지를 쓴 금기의 언어들
하오하오
안녕 안녕
굿모닝

소리 없는 물속은 오래 참는 내일의 방향이라지
가지런한 물결무늬로만 호기심을 미는 중이지

투명하게 들여다볼수록
　스마트 똑똑 열리는 속이라지

　가지가지 뾰족한 가시를 점점 감추기 시작하지
　옆구리 비늘만 한쪽으로 스러지지
　목멘 입이 먼저 문밖으로 올라가더니
　어 어 어 시선 따라 손짓 따라가다가
　결국 ㄱ ㄴ Ａ Ｂ Ｃ 쪽으로만 따라가지

　복도로 보고 있으면 수족관
　폰으로 보면 어항 속 같지
　주름 주름 포장된 마룻바닥 옆으로 잘 정돈된 아이들이
주렁주렁 영글지
　보여서 더 빨개진 유리벽이지

　문 열지 않아도 고린내는 탕탕 울리지
　비린내는 줄줄 새지
　알고 보면 길쭉한 형광의 빛을 이어놓고

자물쇠도 없이 잠가둔 건데

우리는 결국 이 벽으로 울먹이고 흔들리고
흘러내리고 싶지
모든 내력이 이 유리 안에서 쥐고 놓인다고
깨지거나 깨뜨릴 수 없는 물고기에게는
너나 더없이 황송하지

어린 물고기는 아주 머리가 깨어지기 전에 다시 한번
빼끔빼끔 입을 맞추며
울긋불긋 흐드러지는 벽이 되는 거지

팔다리 대신 지느러미를 흔들고 머리 대신 옆구리를
흔들다가
한 봉지 헐어 모이를 먹으면
나는 작은 수족관에서 작은 수족만 들여다보고
너는 너는 큰 관에서 큰 관을

전직이 국어 선생님이었던 교장 선생님은

작은 물에서 빨간 까만 우리를 건져

큰물로 내보내려는 거지

거기로 우리를 던지려고

그 공간으로 예쁜 그녀를 밀어 넣어주는 거지

옆집 수족관 큰 관청으로 들여다보면

관 속에 관이 관 밖에 관이

서 있는 것뿐인데

구절초

첫째 마디는,

한때의 새끼손가락인 듯 그냥 뿌리인 듯 천진의 어느 한 끝부분이라

흙이 측은하여 세상의 틈으로 내어준 흔적이다

절절 순서대로 기어 나올 마디로

세월 같은 봄이라 이 수작도 생경한 몸짓이다

마디마디 피어나려면 봄이 가슴을 두드릴 때라 그럴 때는 아예 들판으로 걸어가는 것이라

맞춤한 호흡같이 저만의 손짓같이 들여다볼수록 세밀한 시력으로 시작될 절이라

당연한 구절로 낯설어하는 빛깔이다

둘째 마디는,

혼자 살 수 없어 너 나 의지하는 마디라

저 먼 들판을 더 멀리 보려다 눈 맞은 시지의 방향이었으므로

기다림이나 포기의 자리를 가슴에 옮겨 키우는 방식이다

고개 꺾이지 않고 바람 한 두어 마디로 더듬어 올라

심심한 내음으로 조근조근 등 긁는 모양이다
　뒷산 아직 설 녹은 바람으로 먼 언덕 너머 달빛 같은 연민의 절이라
　미혹의 밤바람 소리마저 고개 숙여 귀담아들을 마디다

　셋째 마디는,
　보루를 균형을 위한 마디로
　내 마음인지 네 마음인지 모르는 걸 품에 껴안고 양팔 가득 너나 어화둥둥 즐거워할 때라
　그 보드라운 걸 보듬고 좋아라 어르고 해거름까지 흐르던 연민으로
　짓는 웃음 너머로 헤벌쭉 만연해지는 얘기다
　매운 황새냉이보다 붉게 익은 맨드라미보다 까슬까슬 이어 가는 넝쿨장미보다 이 시디 쓴 마디가 더 기특한지라
　화단에 젖은 풀 몇 가닥 내버려두며 쓸쓸한 입 우물거리는 자리라
　마디로 울다 웃다 한 살 더 떠먹이는 나이다

넷째 마디는,
날로 흥분 고조되어 잎 더 파란 마디라
푸릇푸릇 벽을 세운 풀숲도 피다 만 잎도 녹록하다
마디도 맞춤하여 네 마디라
제 살 퍼렇게 게워내도록 한참 충혈된 시절 돌아볼 것 없는 흥이 즐겁다
잎 내밀다가 손가락 사이 다른 잎을 훔쳐볼 아직은 파란 잎이라
허공 제 키 높이려고 이리저리 까치발 떼는지라
씁쓸한 잎 두어 절 떼어 내준다

다섯째 마디는,
오, 감동만으로 잎 다 피울 수 없는 마디라 허공 무슨 흔적 내려고 여기저기 손짓하는 몸짓이라
길어올린 물 쓴물인지 신물인지도 모른 채 밤낮 풀풀대느라 분주하다
풀은 한때 그냥 풀이었던 제 몸짓을 흔들다가 지금은 필사적으로 쓴 팔을 벌린다

파릇한 젊음 그 싱싱한 시절로 하염없이 곧게 뻗는지라
 화단 경계가 허물어져 온통 들이 산이 꽃이다
 다만 보아주는 이 많아도 깊이 봐주는 이 없어 초라한 잎이라 알아주는 이 없어 씁쓸한 잎이라
 그냥 잎만 파랗다

 여섯째 마디는,
 처마 너머 얼비치는 햇것의 눈동자로도 제 몸이 뜨거워지는 계절이라
 생각의 그림자 같은 노을 몇 점
 이마 그림자로나 새겨질 흔적이다
 이글대는 잎에는 뜨거움을 참느라 주름 고랑이 날로 깊어가는 지라
 군락이 되어 가라앉을 한숨을 그러모은다
 가장 높은 곳의 부리 같은 열기가 닿은 곳만 넓어지는 지라 가린 손바닥같이 파란 것 하나 펼쳐 든다
 그저 한참 길어진 고개로 저 너른 곳 내려다볼 수 있으니
 진한 대지의 색깔로 그 청춘 차츰 물들어갔다

일곱째 마디는,

이제야 그 뜨겁던 영혼의 녹은 물 잎맥에 흘러 한 뼘 선 자리에도 감사할 줄 아는 마디라

장성한 화단에 앉아 밤새 만든 별똥별 치켜든 모양이라

절절 파랗게 일생토록 접은 잎새 하나 보여주고픈 셈이다

꺾이어야 할 관절이 남아 있다면 아직도 찢어야 할 잎이 남았다면 기꺼이 감수하겠노라

지금도 내미는 잎이다

또한 먼 강물보다 가까운 흙에 발 담그고 있어 더 좋은 지라

마디에 마디로 올라서 있는 풀이 황송하다

여덟째 마디는,

길어 올린 잎을 자랑하지 않으며 간간 넓어진 시간을 흔들며 바람을 내게 부르는 나이라

너보다 내가 먼저 죽기를 바라는 나이다

길어진 마디만큼 바람의 잎을 벌리고 서 있는 시절 한 그루라

어깨 잠시 흔들렸을 뿐 뿌리는 여전히 굳건하다
아무런 옆구리 마디에도 갈라진 고랑이 새겨 있다
왜 아직 흙을 떠날 수 없는지 모호한 줄기라
집에 들지도 못하고 늦어가는 일상만 흔들어놓는다

아홉째 마디는,
붉게 희어진 머리로 말하는 마디라 피는 꽃잎과 지는 잎새가 서글프다
간격이 서로 아프게 부딪히지 않으려고 절절 애쓰다가 살면서 기어이 죽어가는 것을 알아버리는 것이라
결국 꽃은 꽃 혼자 필 뿐 잎은 잎 혼자 쓴다
세상은 마디의 굳은 사이만 핥으며 순해지는 바람이라
누구에게만 향기 진한 잎을 내미나니 꽃 한 잎 피는 데 아홉 마디가 간다
이토록 완전한 것이나 그렇지 않은 것이나
겹을 덜어 낸 향기가 먼저 날아오르곤 했다

에필로그

　제5 시집이 자꾸 늦어지고 있다. 하는 수 없이 그동안의 네 권 시집에서의 선집을 먼저 엮는다. 대략 절반의 작품을 삭제하였고, 엄선한 것들 중에서도 불필요한 단어들을 상당 수정하였다.

　정말 아쉬운 작품들이 많다. 발상은 좋은데 표현법이 따라가지 못한 작품들이 많다.

　새로 쓰는 시들의 색깔이 너무 다르기에 같은 선집에 엮이지 못할 것 같아 이 책을 서둘러 엮는 이유를 밝힌다. 한편으론 못난 자식들이라고 생각하니 더 애착이 간다. 그저 부끄럽고 안타까운 심정이다.

　난무하는 텍스트 때문에 글자들이 공해가 되어간다고 했다. 그래서 간결한 글귀들이지만 더 간결하려 애썼다.

　무겁지 않게 읽어 주시길 바란다.

/ 오름시인선 · 72 /

허상욱 시선집

가벼운 방

펴낸날 _ 2025년 2월 24일 (초판 1쇄)
지은이 _ 허상욱 / 엮은이 _ 허상욱
펴낸곳 _ 기획출판 오름 / 발행인 _ 김태웅
    등록번호 _ 동구 제364-1999-000006호
    등록일자 _ 1999년 2월 25일
    주소 _ 대전광역시 동구 대전로 815번길 125 2층 (삼성동)
    전화 _ 042.637.1486
    E-mail _ orumplus@hanmail.net

ISBN _ 979-11-94471-05-9

값 13,000원

· 잘못된 책은 바꾸어드립니다.
· 지은이와의 협의에 의해 인지는 생략합니다.
· 본 책 내용의 전부 또는 일부를 재사용하려면 반드시 저자의 동의를 얻어야 합니다.